英検

The EIKEN Test in Practical English Proficiency

英検プラス単熟語

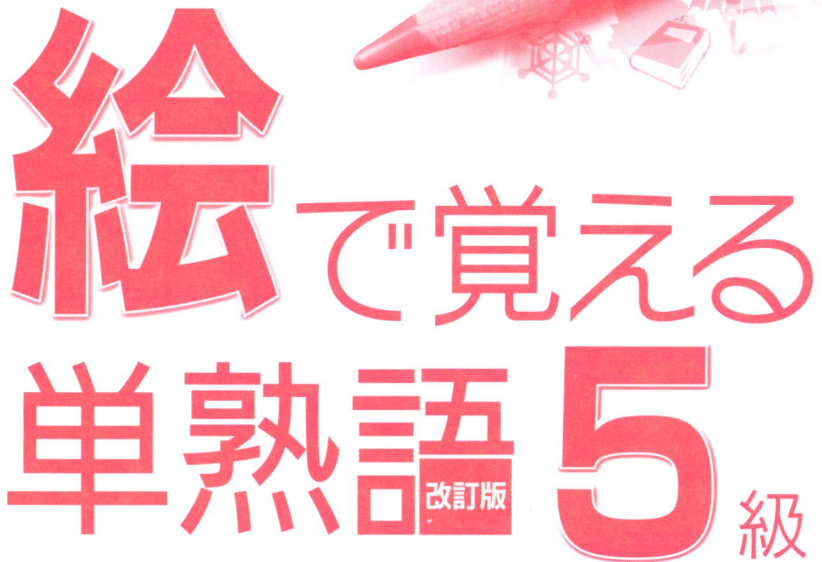

絵で覚える単熟語 5級 改訂版

英検とは

　文部科学省後援　実用英語技能検定（通称：英検）は、1963年に第1回試験が実施されて以来、社会教育的な役割という発足当初からの目的と日本社会の国際化が進展するに伴い、英語の四技能「読む・聞く・話す・書く」を総合的に測定する全国規模の試験としてその社会的評価はますます高まっております。

　2003年3月、文部科学省が発表した「『英語が使える日本人』育成の行動計画」の中では、中学卒業段階での英語力を英検3級程度、高校卒業段階で準2級から2級程度を目標とすると明言しており、指導する英語教師も準1級程度の英語力を要すると謳っております。

　このように英検の資格はいつの時代も日本人の英語力を測るスケールとして活用されており、大学入試や高校入試での優遇や英語科目の単位として認定する学校が年々増えております。

　また、海外においても英検資格が認知され始め、現在、アメリカやオーストラリアなど多くの大学で留学要件として認められております。

　受験者の皆さんは自己の英語能力の評価基準として、また国際化時代を生きる"国際人"たり得る資格として、さらには生涯学習の目標として大いに英検にチャレンジしてください。

試験概要

(1) 実施機関

　試験を実施しているのは、(財)日本英語検定協会です。ホームページ http://www.eiken.or.jp/ では、試験に関する情報・優遇校一覧などを公開しています。

(2) 試験日程

　試験は年3回行われます（二次試験は3級以上）。
　第1回検定：一次試験 ― 6月／二次試験 ― 7月
　第2回検定：一次試験 ― 10月／二次試験 ― 11月
　第3回検定：一次試験 ― 1月／二次試験 ― 2月

My Favorite Things 私の好きなもの

好きなものを英語で言ってみましょう。  2-19

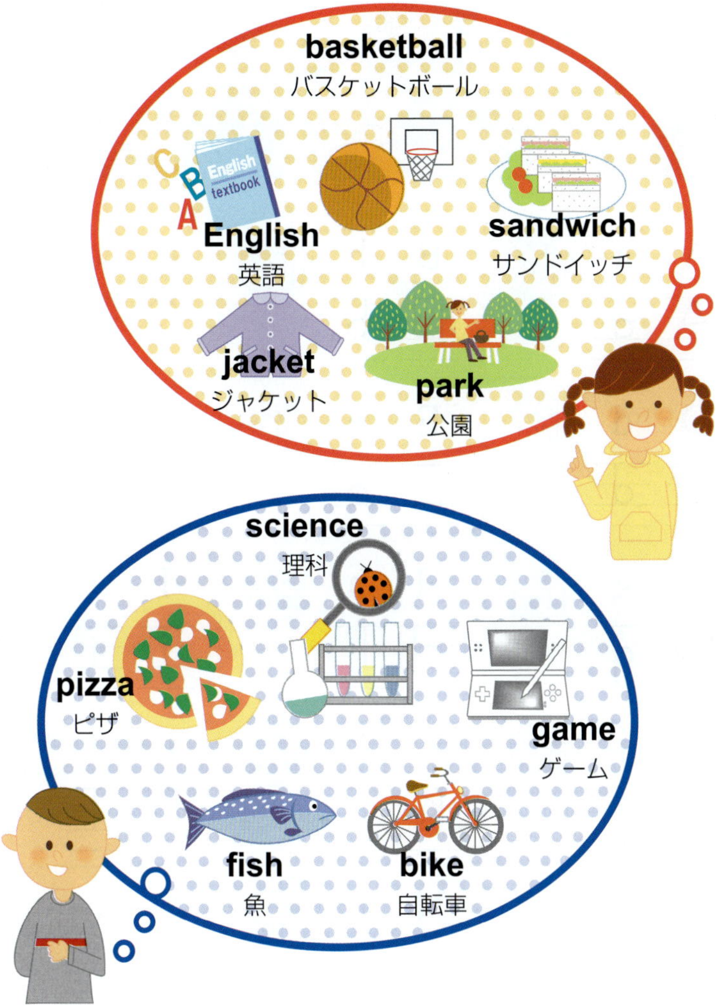

basketball バスケットボール

English 英語

sandwich サンドイッチ

jacket ジャケット

park 公園

science 理科

pizza ピザ

game ゲーム

fish 魚

bike 自転車

口絵 1

Alphabet アルファベット  2-20

アルファベットを覚えましょう。手書きにはブロック体を使います。

A a エイ [ei]	B b ビー [biː]	C c スィー [siː]
D d ディー [diː]	E e イー [iː]	F f エふ [ef]
G g チー [dʒiː]	H h エイチ [eitʃ]	I i アイ [ai]
J j チェイ [dʒei]	K k ケイ [kei]	L l エる [el]
M m エム [em]	N n エン [en]	O o オウ [ou]

P p **ピー** [piː]	Q q **キュー** [kjuː]	R r **アー** [ɑːr]
S s **エス** [es]	T t **ティー** [tiː]	U u **ユー** [juː]
V v **ヴィー** [viː]	W w **ダブリュー** [dʌ́bljuː]	X x **エックス** [eks]
Y y **ワイ** [wai]	Z z **ズィー** [ziː]	

Kate's Family

ケイトの家族

家族を表すことばを覚えましょう。

2-21

grandfather / grandpa
おじいさん

grandmother / grandma
おばあさん

father / dad
お父さん

mother / mom
お母さん

dog
イヌ

cat
ネコ

brother 兄／弟

Kate
ケイト

sister 姉／妹

4 口絵

Verbs 動きを表すことば

動きを表すことばを覚えましょう。 2-22

Numbers 数字

1から10までの数と順序を表す語句を覚えましょう。 2-23

one 1
first 1番目の

two 2
second 2番目の

three 3
third 3番目の

four 4
fourth 4番目の

five 5
fifth 5番目の

Colors 色の名前

色の名前を覚えましょう。

2-24

- brown 茶色
- pink ピンク
- purple 紫
- yellow 黄色
- orange オレンジ色
- green 緑
- red 赤
- white 白
- black 黒
- blue 青

はじめに

このたび、ご好評をいただいておりました『英検 プラス単熟語』シリーズを改訂することとなりました。

新しく『英検 絵で覚える単熟語5級』として生まれ変わった本書は、より一層使いやすい紙面構成となり、収録語も最新データ（2005年第2回～2008年第1回）に基づいたものに変更いたしました。イラストや例文を通して単熟語を覚えることによって、英検5級合格のためだけでなく、総合的な英語力を高めることが可能です。

本書の刊行に際し、昭和女子大学 金子朝子先生に多大なるご尽力をいただきましたことを深く感謝申し上げます。

本書の特長

本書の内容は、20のユニットで構成されていて、各ユニットは次の3つに分かれています。

●**イラストページ（イラストで単語を覚える）**
日常生活のいろいろな場面を描いたイラストの中で、日本語を介さずに単語を理解することができます。

●**センテンスページ（単語を書いて覚える）**
単語をなぞり、さらに例文の空所に書き込むことによって、確実に身に付けることができます。

●**会話表現ページ（会話表現を覚える）**
5級でよく使われる表現を項目ごとにまとめて、重要ポイントを挙げました。別売CDを利用すればリスニングの対策にもなります。

巻末には、「月の名前」「大きい数」「代名詞」をそれぞれ一覧表にして掲載しました。

 巻頭イラストページ
アルファベットと数字、色などの身近な単語を楽しく覚えられます。

もくじ

口絵

私の好きなもの	口絵 1
アルファベット	口絵 2
ケイトの家族	口絵 4
動きを表すことば	口絵 5
数字	口絵 6
色の名前	口絵 8

本書の利用法 …………………………… 4
別売CDについて ………………………… 7

学校・家

Unit 1	教室1	身の回りのもの …………… 8
	会話表現	「だれのもの？」………… 12
Unit 2	教室2	国やことば ……………… 14
	会話表現	「ご出身は？」…………… 18
Unit 3	体育館	スポーツ・ほか ………… 20
	会話表現	「～してください」……… 24
Unit 4	校庭	体の部分 ………………… 26
	会話表現	「～は好き？」…………… 30
Unit 5	大通り	乗り物・ほか …………… 32
	会話表現	「どうやって行くの？」… 36
Unit 6	通学路	寒い・暑い・ほか ……… 38
	会話表現	「どんな天気？」………… 42
Unit 7	部屋	友だちとおしゃべり1 …… 44
	会話表現	「～できますか？」……… 48
Unit 8	寝室	友だちとおしゃべり2 …… 50
	会話表現	「どちらが～？」………… 54
Unit 9	ダイニング	家族と食事 ……………… 56
	会話表現	「～の時間です」………… 60
Unit 10	居間	宿題 ……………………… 62
	会話表現	「何をしているの？」…… 66

Unit 11	公園	散歩	68
	会話表現	「〜曜日には何をするの？」	72
Unit 12	町	いろいろな建物・ほか	74
	会話表現	「〜はどこ？」	78
Unit 13	スーパーマーケット	野菜と果物	80
	会話表現	「〜はいかが？」	84
Unit 14	授業参観日	女性・男性・ほか	86
	会話表現	「あれは、だれ？」	90
Unit 15	動物園	動物・ほか	92
	会話表現	「すてきね」	96
Unit 16	パーティー	楽器・ほか	98
	会話表現	「あなたは、どう？」	102
Unit 17	オフィス	職場にあるもの	104
	会話表現	「こんにちは」	108
Unit 18	アルバム	お茶とケーキ・ほか	110
	会話表現	「どのくらい〜？」	114
Unit 19	スケジュール	曜日の名前・ほか	116
	会話表現	「〜しよう」	120
Unit 20	カレンダー	月の名前・ほか	122
	会話表現	「〜はいつ？」	126

いろいろな場所

月の名前一覧 ……… 128
大きい数一覧 ……… 129
代名詞の変化表 ……… 130
さくいん ……… 131

- 編集：宗藤尚子　● 編集協力：株式会社メディアビーコン、高橋工房
- 装丁デザイン：ア・ロゥ デザイン　● 本文デザイン：coeur et
- 本文イラスト：西村博子　● 録音：有限会社 スタジオ ユニバーサル

本書の利用法

本書は、イラスト・例文を通して英検5級に出題される単熟語を効果的に学べるように掲載されています。まず最初にこのページを読んでから、学習を進めましょう。

イラストページ （イラストで単語を覚える）

❶ イラスト場面で行われている会話です。この会話で覚えておきたいポイントは会話表現ページに掲載してあります。

❷ 別売CDに収録されている箇所を示しています。上段は通常トラック、下段は声に出してリピートする特典トラックを表しています。くわしくは、7ページを参照してください。

❹ 見出し語の意味のほかにも、関連表現（★で表示）がまとめてあります。

❺ 見出し語の意味には、名（名詞）、動（動詞）のように品詞を表示しています。

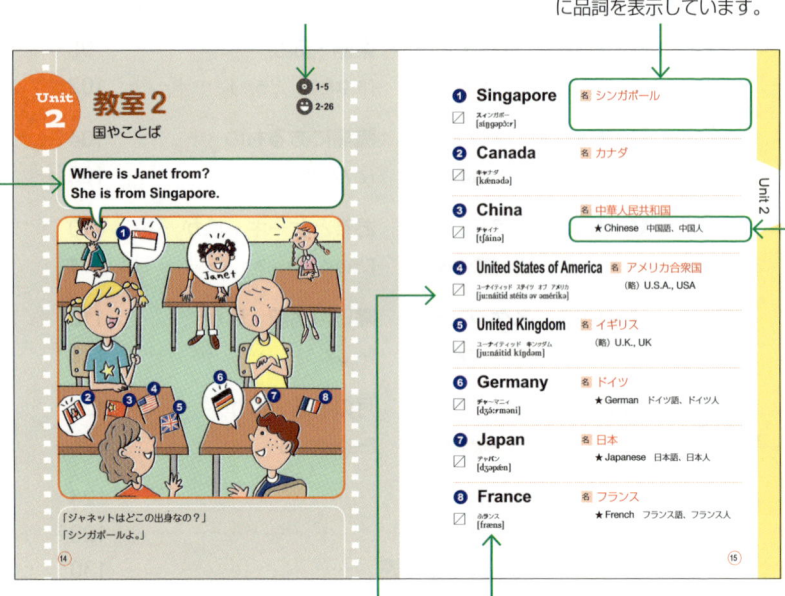

❸ イラストに出てくる単熟語（番号はイラストに対応）をまとめてあります。2つ以上の意味を表す場合は、セミコロン（；）を用いて区別しています。

❻ 発音記号は、アメリカ発音を採用しています。（原則として『オーロラ英和辞典』（旺文社）に準じています）

センテンスページ （単語を書いて覚える）

❼ 各単語熟語にはチェックボックスがついています。繰り返し利用して、確実に語句を身に付けましょう。

❽ 鉛筆マークはなぞる欄を表しています。薄く表示されている見出し語を上からなぞって覚えましょう。

❿ 各例文は見出し語の部分が空所になっています。左側のページの見出し語を対応する例文の空所に書き込みましょう。使い方によって変化する見出し語については、和訳の隣に補足説明があるので参照してください。

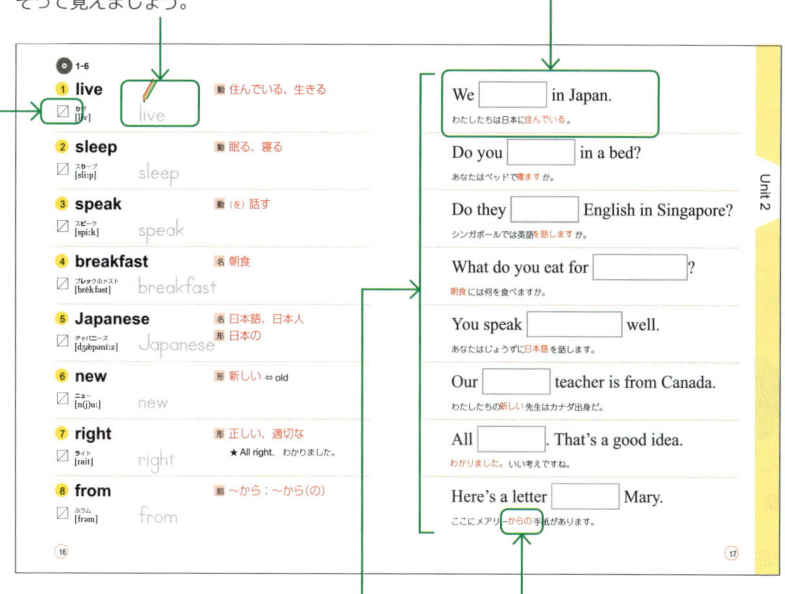

❾ 用法が理解できるように、過去に出題された文や今後出題が予想されるものを例文としてまとめています。

⓫ 空所に対応した和訳には色がついています。使い方によって形が変化した見出し語については、和訳にも注意して覚えましょう。

会話表現ページ （会話表現を覚える）

⓬ イラスト場面で行われている会話文です。この会話文に含まれている、覚えておきたい重要ポイントを下記にまとめてあります。

⓭ 英検5級に出題される、覚えておきたい表現を取り上げ、解説しています。

⓮ 左側のページのポイントに関連した会話文を掲載しています。掲載されている表現はポイントに注意して覚えましょう。別売CDと併用すれば、リスニングテストの対策としても効果的です。

⓯ 会話文の前についている顔のイラストは会話の話し手を表しています。下に示したイラストは上から順に大人の女性、大人の男性、男の子、女の子です。

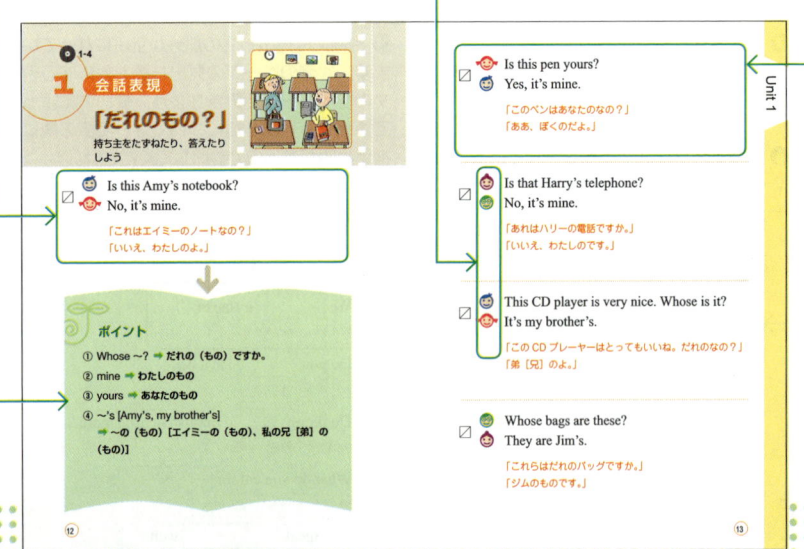

記号について

この本を効果的に使うために、次のルールを確認しましょう。

品詞の表示 動 動詞　助 助動詞　名 名詞　代 代名詞　形 形容詞　副 副詞　接 接続詞　前 前置詞　間 間投詞

関連情報の表示 ★ 関連情報　＝ 同義語［表現］　⇔ 反意語［表現］　(複) 複数形
(略) 略語　[ ] 直前の語句と交換可能　( ) ( ) 内の語句を省略可能
〜 〜の部分に語句が入る　(米) アメリカで使用　(英) イギリスで使用
do 「動詞」を代表する
(同義語・反意語における用法の違いなどは、辞書などで確認してください)

発音記号 原則として『オーロラ英和辞典』(旺文社) に準じています。

別売 CD について

本書には、別売 CD『英検　絵で覚える単熟語 5 級 CD [改訂版]』があります。CD を併用することによって、効果的に単語を覚えられるのはもちろんのこと、リスニング対策にもなります。

CD には、以下の順番で音声が収録されています。

各ユニット

イラストページ	見出し語	➡	見出し語訳		
センテンスページ	見出し語	➡	見出し語訳	➡ 例文 ➡	例文訳
会話表現ページ	イラスト会話表現 ➡		会話訳	➡ 会話例 ➡	会話例訳

＊イラストページの冒頭の会話表現は、CD では会話表現ページで収録しています。
＊会話表現ページのポイントは CD には入っていません。

巻頭

口絵ページ	見出し語 ➡	見出し語訳

特典 [言ってみよう]

イラストページ	見出し語 ➡	ポーズ

単語の後にポーズが収録されているので、声を出して練習することができます。

CD 収録内容

本書の該当箇所には 🔘**1-2** のように示してあり、この表示は CD の巻数とトラック番号を表しています。特典の [言ってみよう] の収録箇所は 😃**2-2** のように示してあります。

各 CD の収録内容および収録時間は以下のとおりです。

CD 1 🔘 収録時間 **49** 分 **44** 秒

CD についての説明	**1**
ユニット 1～14	**2 - 43**

CD 2 🔘 収録時間 **41** 分 **42** 秒

ユニット 15～20	**1 - 18**
口絵ページ	**19 - 24**
[言ってみよう] ユニット 1～20	**25 - 44**

Unit 1 教室 1
身の回りのもの

1-2
2-25

Is this Amy's notebook?
No, it's mine.

「これはエイミーのノートなの？」
「いいえ、わたしのよ。」

Unit 1

① sweater 名 セーター
スウェタァ
[swétər]

② handkerchief 名 ハンカチ
ハンカチ(ー)ふ
[hǽŋkərtʃi(ː)f]

③ bag 名 バッグ、かばん
バッグ
[bæg]

④ pocket 名 ポケット
パケット
[pákit]

⑤ notebook 名 ノート
ノウトブック
[nóutbùk]

⑥ dictionary 名 辞書
ディクショネリィ
[díkʃənèri]

⑦ textbook 名 教科書
テクストブック
[tékstbùk]

⑧ pencil 名 鉛筆
ペンスる
[pénsl]

1-3

1 need
ニード
[ni:d]
動 を必要とする

2 classroom
クらスルー(ー)ム
[klǽsrù(:)m]
名 教室

3 club
クらブ
[klʌb]
名 クラブ

4 your
ユア
[juəɾ]
代 あなた(たち)の

5 this
ずィス
[ðis]
代 これ、この人
形 この

6 that
ざット
[ðæt]
代 あれ、それ、あの人
形 あの、その

7 they
ぜイ
[ðei]
代 彼らが[は]、彼女らが[は]、それらが[は]

8 today
トゥデイ
[tədéi]
副 今日(は)
名 今日

Do we [　　　] a dictionary today?

今日は辞書が必要ですか。

This is our [　　　].

ここはわたしたちの教室だ。

I'm in the tennis [　　　] at school.

わたしは学校でテニス部に入っている。

Is this [　　　] desk?

これはあなたの机ですか。

Is [　　　] Amy's notebook?

これはエイミーのノートですか。

Is [　　　] your picture?

あれはあなたの絵ですか。

[　　　] are my classmates.

彼らは私のクラスメートだ。　　　＊大文字で始める

What day of the week is it [　　　]?

今日は何曜日ですか。

 1-4

1 会話表現

「だれのもの？」

持ち主をたずねたり、答えたりしよう

 Is this Amy's notebook?
 No, it's mine.

「これはエイミーのノートなの？」
「いいえ、わたしのよ。」

ポイント

① Whose ～? ➡ だれの（もの）ですか。

② mine ➡ わたしのもの

③ yours ➡ あなたのもの

④ ～'s [Amy's, my brother's]
➡ ～の（もの）[エイミーの（もの）、私の兄[弟]の（もの）]

☐  Is this pen yours?
 Yes, it's mine.

「このペンはあなたのなの？」
「ああ、ぼくのだよ。」

☐ Is that Harry's telephone?
 No, it's mine.

「あれはハリーの電話ですか。」
「いいえ、わたしのです。」

☐ This CD player is very nice. Whose is it?
 It's my brother's.

「この CD プレーヤーはとってもいいね。だれのなの？」
「弟［兄］のよ。」

☐ Whose bags are these?
 They are Jim's.

「これらはだれのバッグですか。」
「ジムのものです。」

Unit 2

教室 2
国やことば

「ジャネットはどこの出身なの？」
「シンガポールよ。」

❶ Singapore
スィンガポー
[síŋgəpɔ̀ːr]

名 シンガポール

❷ Canada
キャナダ
[kǽnədə]

名 カナダ

❸ China
チャイナ
[tʃáinə]

名 中華人民共和国

★ Chinese　中国語、中国人

❹ United States of America
ユーナイティッド ステイツ オブ アメリカ
[juːnáitid stéits əv əmérikə]

名 アメリカ合衆国

（略）U.S.A., USA

❺ United Kingdom
ユーナイティッド キングダム
[juːnáitid kíŋdəm]

名 イギリス

（略）U.K., UK

❻ Germany
チャ〜マニィ
[dʒə́ːrməni]

名 ドイツ

★ German　ドイツ語、ドイツ人

❼ Japan
ヂャパン
[dʒəpǽn]

名 日本

★ Japanese　日本語、日本人

❽ France
ふランス
[fræns]

名 フランス

★ French　フランス語、フランス人

Unit 2

15

1-6

1 live
リヴ
[liv]

動 住んでいる、生きる

2 sleep
ス**リー**プ
[sli:p]

動 眠る、寝る

3 speak
ス**ピー**ク
[spi:k]

動 (を) 話す

4 breakfast
ブ**レッ**クふァスト
[brékfəst]

名 朝食

5 Japanese
ヂャパ**ニー**ズ
[dʒæpəní:z]

名 日本語、日本人
形 日本の

6 new
ニュー
[n(j)u:]

形 新しい ⇔ old

7 right
ライト
[rait]

形 正しい、適切な
★ All right. わかりました。

8 from
ふラム
[frəm]

前 ～から；～から(の)

We [　　　　] in Japan.

わたしたちは日本に住んでいる。

Do you [　　　　] in a bed?

あなたはベッドで寝ますか。

Do they [　　　　] English in Singapore?

シンガポールでは英語を話しますか。

What do you eat for [　　　　]?

朝食には何を食べますか。

You speak [　　　　] well.

あなたはじょうずに日本語を話します。

Our [　　　　] teacher is from Canada.

わたしたちの新しい先生はカナダ出身だ。

All [　　　　]. That's a good idea.

わかりました。いい考えですね。

Here's a letter [　　　　] Mary.

ここにメアリーからの手紙があります。

2 会話表現

「ご出身は？」

国やことばについてたずねたり、答えたりしよう

 Where is Janet from?
 She is from Singapore.

「ジャネットはどこの出身なの？」
「シンガポールよ。」

ポイント

① Where are you from? — I am from 〜.
   ➡ あなたはどちらの出身ですか。— 私は〜の出身です。

② Where do you come from? — I come from 〜.
   ➡ あなたはどちらの出身ですか。— 私は〜の出身です。

③ 主語 + speak(s) + English [Japanese].
   ➡ 〜は英語[日本語]を話します。

   *主語 =「〜が[は]」と、文の主題[中心]となる部分

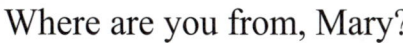

「メアリー、あなたはどこの出身ですか。」
「ニューヨークです。」

I like my new English teacher.
He comes from Canada.

「わたしは新しい英語の先生が好きだわ。」
「彼はカナダ出身だよ。」

Does Mr. Smith speak Japanese?
Yes, he does.

「スミスさんは日本語を話しますか。」
「ええ、話します。」

Is she from China?
No, but she speaks Chinese very well.

「彼女は中国出身ですか。」
「いいえ、でも中国語をとてもじょうずに話します。」

Unit 3 体育館
スポーツ・ほか

1-8
2-27

「暑すぎるね。窓を開けてよ、ケイト。」
「いいわよ。」

① window 名 窓
ウィンドウ
[wíndou]

② girl 名 女の子、少女
ガ〜る
[gəːrl]

③ boy 名 男の子、少年
ボイ
[bɔi]

④ badminton 名 バドミントン
バドミントゥン
[bǽdmintn]

⑤ racket 名 ラケット
ラケット
[rǽkit]

⑥ ball 名 ボール
ボーる
[bɔːl]

⑦ tennis 名 テニス
テニス
[ténis]

⑧ gym 名 体育館
ヂム
[dʒim]

Unit 3

#	英単語	発音	品詞	意味
1	**write**	ライト [rait]	動	を書く；(手紙)を書く
2	**class**	クラス [klæs]	名	クラス；クラスのみんな；授業
3	**hungry**	ハングリィ [hʌ́ŋgri]	形	おなかがすいた
4	**sad**	サッド [sæd]	形	悲しい
5	**hot**	ハット [hɑt]	形	暑い、熱い ⇔ cold；からい
6	**fast**	ふァスト [fæst]	副 形	速く (動作が)速い ⇔ slow
7	**well**	ウェる [wel]	副	じょうずに、うまく
8	**at**	アット [æt]	前	～に；～で

Please ☐ your name at the door.

入り口であなたの名前を書いてください。

Let's begin today's ☐.

今日の授業を始めましょう。

I'm really ☐.

わたしはとてもおなかがすいている。

Don't be ☐. Try again.

悲しまないで。もう一度やってみよう。

It's too ☐ in here.

この中は暑すぎる。

I can run very ☐.

わたしはとても速く走れる。

Oh, you play ☐.

まあ、じょうずですね。

Let's play tennis ☐ three.

3時にテニスをしよう。

Unit 3

3 会話表現

「〜してください」
お願いをしたり、指示をしたりしよう

 It's too hot. Please open the window, Kate.
 All right.

「暑すぎるね。窓を開けてよ、ケイト。」
「いいわよ。」

ポイント

① **動詞の原形で始まる文 ➡ 〜しなさい。**
 *動詞の原形 = 動詞に -s や -ing がつかない基本形

② **Please + 動詞の原形 ➡ どうぞ〜してください。**

③ **Don't + 動詞の原形 ➡ 〜してはいけません。**

④ **OK. [All right. / Sure.] ➡ わかりました。**

Look at that cat over there.
It's very big.

「あそこにいるあのネコを見てごらん。」
「すごく大きいわね。」

Andy, please listen to me.
OK, Mom.

「アンディー、私の言うことを聞いてちょうだい。」
「わかったよ、お母さん。」

Don't speak Japanese in this class.
OK, Ms. White.

「この授業では日本語を話してはいけません。」
「わかりました、ホワイト先生。」

Don't eat your lunch in the library.
Oh, sorry.

「図書館でお昼を食べてはいけません。」
「ああ、ごめんなさい。」

Unit 3

Unit 4 校庭
体の部分

1-11
2-28

Do you you like soccer, Mike?
Yes. I play soccer after school every day.

「サッカーが好きなの、マイク？」
「うん。毎日放課後にサッカーをしているよ。」

❶ head 名 頭
ヘッド
[hed]

❷ face 名 顔
フェイス
[feis]

❸ ear 名 耳
イア
[iər]

❹ eye 名 目
アイ
[ai]

❺ nose 名 鼻
ノウズ
[nouz]

❻ hand 名 手（手首より先の部分）
ハンド
[hænd]

❼ leg 名 脚（足首から足のつけねまで）
レッグ
[leg]

❽ foot 名 足（靴をはく部分）
フット
[fut]
（複）feet [fíːt]

Unit 4

1-12

1 play
プ**れ**ィ
[plei]
動 遊ぶ；
(スポーツ、遊びなど) を**する**；
(楽器) を**演奏する**

2 singer
ス**ィ**ンガァ
[síŋər]
名 歌手、歌う人

3 coin
コィン
[kɔin]
名 硬貨、コイン

4 which
(フ)**ウィッ**チ
[(h)witʃ]
代 どちら、どれ
形 どちらの～

5 whose
フーズ
[hu:z]
代 だれの、だれのもの

6 American
ア**メ**リカン
[əmérikən]
形 アメリカの；
アメリカ人の
名 アメリカ人

7 too
トゥー
[tu:]
副 ～もまた

8 about
ア**バ**ウト
[əbáut]
前 ～について(の)；
～の周りに［を、の］

I ▯ computer games every day.

わたしは毎日コンピュータゲームをする。

Naomi isn't a good ▯.

ナオミはよい歌手ではない［歌がじょうずでない］。

Oh, there is a 500 yen ▯ on the grass.

あ、500円玉が芝生の上にある。

▯ do you like better, soccer or baseball?

サッカーと野球とでは、どちらが好きですか。　　＊大文字で始める

▯ soccer ball is this?

これはだれのサッカーボールですか。　　＊大文字で始める

Do you know any ▯ soccer players?

あなたはだれかアメリカ人のサッカー選手を知っていますか？

Judy is a good singer, ▯.

ジュディは歌もうまい。［ジュディも歌がうまい。］

Please talk to me ▯ your class.

あなたのクラスについて私に話してください。

Unit 4

4 会話表現

「～は好き？」

好きなものをたずねたり、答えたりしよう

Do you like soccer, Mike?
Yes. I play soccer after school every day.

「サッカーが好きなの、マイク？」
「うん。毎日放課後にサッカーをしているよ。」

ポイント

① Do you like ～? ➡ ～が好きですか。

② What ～ do you like? ➡ どんな～が好きですか。

③ Which ～ do you like? ➡ どちらの～が好きですか。

④ I like ～. ➡ わたしは～が好きです。

Do you like fruit, Helen?
Yes. I like apples.

「ヘレン、果物は好きですか。」
「はい。リンゴが好きです。」

I like this Japanese song.
Me, too. I want the CD.

「わたしはこの日本の歌が好きです。」
「わたしもです。その CD がほしいわ。」

What animals do you like, Susan?
I like cats and dogs.

「スーザン、君はどんな動物が好き？」
「わたしはネコとイヌが好きよ。」

Which hat do you like?
I like the small one.

「どちらの帽子が好きですか。」
「小さいほうが好きです。」

Unit 5 大通り
乗り物・ほか

1-14
2-29

How can I get to the soccer field?
By train.

「サッカー場へはどうやって行ったらいいかな？」
「電車よ。」

❶ train 名 電車、列車
トゥ**レ**イン
[trein]

❷ bicycle 名 自転車 = bike
バイスィクる
[báisikl]

❸ taxi 名 タクシー
タクスィ
[tǽksi]

❹ bus stop 名 バス停
バス ス**タ**ップ
[bʌ́s stɑ̀p]

❺ bus 名 バス
バス
[bʌs]

❻ car 名 車、自動車
カー
[kɑːr]

❼ soccer 名 サッカー
サカァ
[sɑ́kər]

❽ cat 名 ネコ
キャット
[kæt]

Unit 5

1-15

1 take
テイク [teik]
動 を連れていく；を取る；を手に入れる

2 watch
ワッチ [wɑtʃ]
動 を(注意して)見る、に気をつける

3 afternoon
アふタヌーン [æftərnúːn]
名 午後
★ morning 午前

4 sport
スポート [spɔːrt]
名 スポーツ

5 here
ヒア [hiər]
副 ここに、ここで
名 ここ

6 often
オ(ー)ふン [ɔ́(ː)fn]
副 しばしば、たびたび

7 very
ヴェリィ [véri]
副 とても、非常に

8 on
アン [ɑn]
前 ～の上に；～に；～で

☐ me to the game someday.

いつか私を試合に連れていって。　　　＊大文字で始める

I don't ☐ TV before dinner.

わたしは夕食前にはテレビを見ない。

We don't have classes this ☐.

今日の午後は授業がない。

Do you like ☐?

あなたはスポーツが好きですか。　　　※-s をつけて複数形にする

That train runs from ☐ to Nishimachi.

あの電車はここからニシマチまで走っている。

I ☐ watch soccer games on TV.

わたしはよくテレビでサッカーの試合を見る。

Look at that cat. It's ☐ big.

あのネコを見て。ものすごく大きいわ。

Do you practice soccer ☐ Sundays?

あなたは日曜日にサッカーの練習をしますか。

5 会話表現

「どうやって行くの？」

交通手段や乗り物についてたずねたり、答えたりしよう

How can I get to the soccer field?
By train.

「サッカー場へはどうやって行ったらいいかな？」
「電車よ。」

ポイント

① How do you come to ～?
➡ どうやって～に来るのですか。

② How can I get to ～?
➡ どうやって～に行ったらよいですか。

③ By bike [bus, taxi, train].
➡ 自転車［バス、タクシー、電車］でです。

How do you come to school?
By bike.

「学校にはどうやって来るの？」
「自転車で来るわ。」

How can I get to the airport?
By taxi.

「空港にはどうやって行けばいいですか。」
「タクシーでです。」

Do you walk to school, Henry?
Yes, I do every day.

「ヘンリー、学校には歩いて来るの？」
「うん、毎日そうしているよ。」

Here is the bus stop.
Oh, we can go to the museum by bus.

「ここがバス停です。」
「ああ、博物館へはバスで行けますね。」

Unit 5

Unit 6 通学路
寒い・暑い・ほか

1-17
2-30

"It's rainy today. Aren't you cold?
I'm fine."

「今日は雨降りだね。寒くない？」
「わたしは大丈夫よ。」

#	英単語	品詞・意味
❶	**cold**　コウるド　[kould]	形　寒い ⇔ hot
❷	**rainy**　レイニィ　[réini]	形　雨の、雨降りの
❸	**tall**　トーる　[tɔːl]	形　高い、背の高い ⇔ short
❹	**short**　ショート　[ʃɔːrt]	形　(寸法・距離・時間・髪が) 短い ⇔ long ； 低い、背の低い ⇔ tall
❺	**long**　ろ(ー)ング　[lɔ(ː)ŋ]	形　(寸法・距離・時間・髪が) 長い ⇔ short
❻	**house**　ハウス　[haus]	名　家
❼	**big**　ビッグ　[big]	形　大きい ⇔ little, small
❽	**small**　スモーる　[smɔːl]	形　小さい ⇔ large, big

Unit 6

● 1-18

1 say
セイ
[sei]

動 (と)言う、(を)述べる

2 see
スィー
[siː]

動 に会う = meet；
が見える、を見る

3 day
デイ
[dei]

名 日、1日；昼間
⇔ night

4 evening
イーヴニング
[íːvniŋ]

名 夕方、晩

5 morning
モーニング
[mɔ́ːrniŋ]

名 朝、午前
★ afternoon　午後

6 night
ナイト
[nait]

名 夜 ⇔ day

7 tomorrow
トゥマロウ
[təmárou]

副 明日(は)
名 明日

8 home
ホウム
[houm]

副 家へ
★ go home　帰宅する
名 家

☐ hello to your brother.

お兄さん［弟さん］によろしくと言ってね。　　＊大文字で始める

☐ you again.

また会いましょう。　　＊大文字で始める

Have a nice ☐.

良い1日を［さようなら/いってらっしゃい］。

The stars are beautiful in the ☐.

夕方は星が美しい。

It's cold in the ☐.

朝は寒い。

The stars are more beautiful at ☐.

夜には星はもっと美しい。

See you ☐.

明日会いましょう［また明日］。

They are going ☐.

彼らは家へ帰って行く。

Unit 6

6 会話表現

1-19

「どんな天気？」

天気や気候をたずねたり、答えたりしよう

It's rainy today. Aren't you cold?
I'm fine.

「今日は雨降りだね。寒くない？」
「わたしは大丈夫よ。」

ポイント

① How is the weather?
→ 天気はどうですか。

② It's sunny [fine, cloudy, rainy, hot, cold].
→ 快晴 [晴れ、曇り、雨、暑い、寒い] です。

How is the weather?
It's fine.

「天気はどうかしら？」
「晴れだよ。」

It's too cold.
I'll close the window.

「寒すぎるわね。」
「窓を閉めよう。」

Is it sunny in Kyoto?
No, it's cloudy now.

「京都は晴れていますか。」
「いいや、いまは曇っているよ。」

It's a beautiful day.
Yes, it is.

「いい天気だね。」
「そうね。」

Unit 6

Unit 7 部屋

友だちとおしゃべり 1

🔘 1-20
😊 2-31

> Can you watch TV on your computer?
> Yes, I can.

「あなたのコンピュータでテレビが見られる？」
「うん、見られるよ。」

Unit 7

❶ computer 名 コンピュータ
コン**ピュー**タァ
[kəmpjúːtər]

❷ picture 名 写真 = photo；絵
ピクチャ
[píktʃər]
★ take a picture　写真をとる

❸ desk 名 机
デスク
[desk]

❹ chair 名 いす
チェア
[tʃεər]

❺ friend 名 友だち
ふ**レ**ンド
[frend]

❻ watch 名 うで時計
ワッチ
[watʃ]

❼ sock 名 (ふつう複数形で用いて) ソックス
サック
[sak]
★ a pair of socks　ソックス1足

❽ door 名 ドア
ドー
[dɔːr]

1-21

1 have
ハヴ [hæv]
動 を持っている、を飼う；を食べる［飲む］

2 do
ドゥー [duː]
助 （一般動詞の疑問文や否定文を作る）
動 をする

3 animal
アニマる [ǽnəm(ə)l]
名 動物

4 apple
アプる [ǽpl]
名 リンゴ

5 room
ル(ー)ム [ru(ː)m]
名 部屋

6 mine
マイン [main]
代 わたしのもの

7 large
らーヂ [lɑːrdʒ]
形 大きい ⇔ small、広い

8 no
ノウ [nou]
副 いいえ ⇔ yes

Do you ☐ any pets?

あなたはペットを飼っていますか。

☐ you like dogs?

あなたはイヌが好きですか。　　　＊大文字で始める

Kenta likes all ☐.

ケンタはすべての動物が好きだ。　　※-s をつけて複数形にする

Do you want some ☐, Kate?

ケイト、リンゴをほしいですか。　　※-s をつけて複数形にする

This is my ☐.

これがわたしの部屋だ。

This watch is not ☐.

この時計はわたしのではない。

You have a ☐ desk.

あなたは大きな机を持っているのね。

Do you want some tea? — ☐, I don't.

お茶はいかがですか。—いいえ、いらないわ。　　＊大文字で始める

Unit 7

47

7 会話表現

「〜できますか？」

できるかどうかをたずねたり、許可を求めたりしよう

Can you watch TV on your computer?
Yes, I can.

「あなたのコンピュータでテレビが見られる？」
「うん、見られるよ。」

ポイント

① I [We, She] can + **動詞の原形**
   ➡ わたし［わたしたち、彼女］は〜することができる。

② Can I + **動詞の原形**?
   ➡ 〜してもいいですか。

③ Can you + **動詞の原形**?
   ➡ 〜できますか。〜してくれますか。

Can you run fast?
Yes, I can.

「あなたは速く走れるの？」
「うん、走れるよ。」

Dad, can we go to the beach this Sunday?
All right. That's a good idea.

「お父さん、今度の日曜日ビーチに行ける？」
「そうだね。いい考えだ。」

Can I have the butter, please?
Yes, here you are.

「バターを取ってもらえますか？」
「はい、どうぞ。」

Can you come with me on Friday?
I'm sorry. I can't.

「金曜日にぼくと出かけられるかい？」
「ごめんなさい。行けないわ。」

Unit 7

Unit 8 寝室

友だちとおしゃべり 2

1-23
2-32

Which color do you like?
I like black.

「どっちの色が好き？」
「黒が好きだな。」

50

Unit 8

❶ curtain
カ～トゥン
[kə́ːrtn]
名 カーテン

❷ wall
ウォーる
[wɔːl]
名 壁

❸ dress
ドゥレス
[dres]
名 ドレス（女性・子ども用のワンピース）；服装

❹ bed
ベッド
[bed]
名 ベッド

❺ black
ブらック
[blæk]
名 黒
形 黒い、黒色の

❻ blue
ブるー
[bluː]
名 青
形 青い、青色の

❼ table
テイブる
[téibl]
名 テーブル

❽ cookie
クッキィ
[kúki]
名 (米) クッキー ＝ (英) biscuit

🔊 1-24

1 like
らイク [laik]
動 を好む、が好きである

2 does
ダズ [dʌz]
助 do の３人称単数現在形

3 box
バックス [bɑks]
名 箱

4 CD
スィーディー [síːdíː]
名 CD

5 color
カらァ [kʌ́lər]
名 色

6 pink
ピンク [piŋk]
形 ピンクの、ピンク色の
名 ピンク

7 yellow
イェろウ [jélou]
形 黄色い
名 黄色

8 how
ハウ [hau]
副 どんなぐあいで；どうやって

I [　　　] black.

わたしは黒が好きです。

[　　　] your brother have brown hair?

あなたのお兄さん［弟さん］は茶色い髪ですか。　　＊大文字で始める

Is there a [　　　] for toys in the room?

その部屋におもちゃ用の箱がありますか。

Do you have any [　　　]?

あなたはCDを持っていますか。　　※-sをつけて複数形にする

What [　　　] do you like?

あなたは何色が好きですか。

I like the [　　　] paper crane.

わたしはそのピンク色の折鶴が好きだ。

Kenta's sweater is [　　　].

ケンタのセーターは黄色い。

[　　　] do you make paper cranes?

どうやって鶴を折りますか。　　＊大文字で始める

8 会話表現

「どちらが～？」

どちらかをたずねたり、答えたりしよう

☐ 👧 Which color do you like?
　👦 I like black.

「どっちの色が好き？」
「黒が好きだな。」

⬇

ポイント

① Which is (are) ～? ➡ どちらが～ですか。

② Which do you ＋ 動詞の原形(, A or B)?
　➡ あなたは（AとBとで）どちらを～しますか。

③ Which … ＋ 動詞?
　➡ どちらの…が～しますか。

Which is your sister?
The girl with the long hair.

「どちらがあなたのお姉さん［妹さん］なの？」
「長い髪の女の子さ。」

Which do you want, fish or meat?
Meat, please.

「魚と肉とで、どちらがいいですか。」
「肉をお願いします。」

Which does she speak, Japanese or Chinese?
She speaks Chinese.

「彼女は日本語と中国語とで、どちらを話すの？」
「中国語を話すわ。」

Which month comes before January?
December.

「1月の前は何月ですか。」
「12月です。」

Unit 8

Unit 9 ダイニング
家族と食事

1-26
2-33

John, it's time for dinner.
Great! I'm hungry.

「ジョン、夕食の時間よ。」
「やった！　おなかがすいたよ。」

① kitchen
キチン
[kítʃin]
名 キッチン、台所

② mother
マざァ
[mʌ́ðər]
名 母、母親

③ father
ふァーざァ
[fɑ́ːðər]
名 父、父親

④ pet
ペット
[pet]
名 ペット

⑤ dish
ディッシ
[diʃ]
名 皿；料理

⑥ glass
グらス
[glæs]
名 コップ、グラス；（複数形で用いて）めがね
★ a glass of コップ1杯の〜

⑦ fork
ふォーク
[fɔːrk]
名 フォーク
★ spoon スプーン

⑧ salad
サらッド
[sǽləd]
名 サラダ

Unit 9

1-27

1 eat
イート
[iːt]
動 (を)食べる

2 want
ワント
[wɑnt]
動 がほしい
★ want to *do* 〜したい

3 wash
ウォーシ
[wɔːʃ]
動 を洗う；洗濯する

4 can
キャン
[kæn]
助 〜することができる；
〜してもよい

5 cook
クック
[kuk]
名 料理をする人、コック
動 (を)料理する

6 fruit
ふルート
[fruːt]
名 果物

7 hamburger
ハンバ〜ガァ
[hǽmbəːrɡər]
名 ハンバーガー

8 restaurant
レストラント
[réstərənt]
名 レストラン

Let's ▢ now.

さあ食べよう。

I ▢ more salad.

もっとサラダがほしい。

▢ the dishes, John.

お皿を洗ってね、ジョン。　　　＊大文字で始める

▢ I eat this cake?

このケーキを食べてもいいですか。　　　＊大文字で始める

Your father is a good ▢.

あなたのお父さんはいい料理人です［料理がじょうずです］。

We have ▢ for dessert.

デザートにフルーツがある。　　　※単数形のまま入れる

I like ▢ and French fries.

わたしはハンバーガーとフライドポテトが好きだ。

There is a great ▢ near here.

この近くにすばらしいレストランがある。

Unit 9

9 会話表現

「～の時間です」
何の時間か伝えたり、それに応答したりしよう

☐ John, it's time for dinner.
　Great! I'm hungry.

「ジョン、夕食の時間よ。」
「やった！　おなかがすいたよ。」

ポイント

① It's time for ～. ➡ ～の[すべき]時間です。

② OK. [All right.] ➡ わかった。
　Good. [Great.] ➡ よかった。
　Oh, no! ➡ しまった！

③ 主語 ＋ have time for ～ ➡ ～の時間があります。

④ Do you have time for ～? ➡ ～の時間がありますか。

☐ It's time for bed, Mary.
OK, Dad. Good night.

「メアリー、寝る時間だ。」
「はい、お父さん。おやすみなさい。」

☐ Bob, it's time for dinner.
OK, I'm coming.

「ボブ、夕食の時間ですよ。」
「わかった。いま行きます。」

☐ It's eight thirty, Jerry.
Oh, no! It's time for class.

「8時半よ、ジェリー。」
「しまった！　授業の時間だ。」

☐ Do you have time for breakfast?
I don't think so.

「朝食をとる時間がありますか。」
「ないと思います。」

Unit 9

Unit 10

居間

宿題

🔘 1-29
😊 2-34

It's eleven o'clock. What are you doing?
I'm studying.

「11時よ。何をしているの？」
「勉強をしているんだよ。」

① mom
マム
[mɑm]

名 お母さん、ママ
= mother ⇔ dad

② clock
ク**ら**ック
[klɑk]

名 掛け時計

③ TV
ティー**ヴィ**ー
[tíːvíː]

名 テレビ = television

④ computer game
コン**ピュ**ータァ ゲイム
[kəmpjúːtər gèim]

名 コンピュータゲーム

⑤ CD player
ス**ィ**ーディー プ**れ**イア
[síːdìː pléiər]

名 CD プレーヤー

⑥ comic book
カミック **ブ**ック
[kámik búk]

名 マンガ本

⑦ book
ブック
[buk]

名 本

⑧ floor
ふ**ろ**ー
[flɔːr]

名 床；階(ゆか)

Unit 10

1-30

1 read
リード [riːd]
動 (を) 読む；読書する

2 study
ス**タ**ディ [stʌ́di]
動 (を) 勉強する、学ぶ

3 use
ユーズ [juːz]
動 を使う、利用する

4 homework
ホウムワ〜ク [hóumwèːrk]
名 宿題

5 a lot of
ア **ラ**ット オヴ [ə lát əv]
たくさんの〜 = lots of

6 o'clock
オク**ラ**ック [əklák]
名 〜時

7 twenty
トゥ**ウェ**ンティ [twénti]
名 20
形 20の

8 usually
ユージュアりィ [júːʒuəli]
副 いつもは、ふつう

He is [   ] a book.

彼は本を読んでいる。　　　　　　※-ing をつけて現在進行形にする

Kenta is [   ] English.

ケンタは英語を勉強しているところです。　　※-ing をつけて現在進行形にする

Who is [   ] my dictionary?

だれがわたしの辞書を使っていますか。　※e をとって -ing をつけて現在進行形にする

Kenta does his [   ] after dinner.

ケンタは夕食の後に宿題をする。

Kenta has [   ] comic books.

ケンタはマンガ本をたくさん持っている。

It's eleven [   ].

11時です。

We learn [   ] English words every day.

わたしたちは毎日 20 の英単語を学ぶ。

He [   ] drinks coffee with milk.

彼はいつもはコーヒーにミルクを入れて飲む。

Unit 10

10 会話表現

「何をしているの？」

何をしているのかをたずねたり、答えたりしよう

☐ 👧 It's eleven o'clock. What are you doing?
　 👦 I'm studying.

「11時よ。何をしているの？」
「勉強をしているんだよ。」

⬇

ポイント

① **主語** + is [am, are] + **動詞** ing
　➡ …は〜しているところだ。

② Is [Are] + **主語** + **動詞** ing?
　➡ …は〜しているところですか。

③ What is [are] + **主語** + **動詞** ing?
　➡ …は何を〜しているところですか。

④ Where is [are] + **主語** + **動詞** ing?
　➡ …はどこに〜しているところですか。

☐ What are you doing?
I'm fishing.

「何をしているの？」
「魚釣りだよ。」

☐ Are you playing a computer game?
No, I'm doing my homework.

「いまコンピュータゲームをやっているの？」
「ううん、宿題をやっているんだ。」

☐ Where are you going?
To the movies.

「どこに行くんだい？」
「映画を見に行くの。」

☐ Who is using my dictionary?
Yoko is.

「だれがぼくの辞書を使っているの？」
「ヨウコよ。」

Unit 10

Unit 11

公園
散歩

1-32
2-35

> What do you do on Mondays?
> I usually play in the park.

「あなたは毎週月曜日には何をするの?」
「たいてい公園で遊んでいるよ。」

① sky
スカイ
[skai]

名 空

---

② bench
ベンチ
[bentʃ]

名 ベンチ

---

③ dog
ド(ー)グ
[dɔ(:)g]

名 犬

---

④ baby
ベイビィ
[béibi]

名 赤ちゃん

---

⑤ T-shirt
ティーシャ～ト
[tíːʃɚːrt]

名 Ｔシャツ

---

⑥ camera
キャメラ
[kǽm(ə)rə]

名 カメラ

---

⑦ shoe
シュー
[ʃuː]

名 (ふつう複数形で用いて) くつ
★a pair of shoes　くつ１足

---

⑧ bird
バ～ド
[bəːrd]

名 鳥

Unit 11

1-33

1 run ラン [rʌn] — 動 走る

2 sing スィング [siŋ] — 動 (を)歌う；(鳥などが)鳴く

3 song ソ(ー)ング [sɔ(ː)ŋ] — 名 歌

4 weekend ウィーケンド [wíːkènd] — 名 週末

5 any エニィ [éni] — 形 (疑問文で)いくらかの、何か；(否定文で)少しも

6 after アふタァ [ǽftər] — 前 〜の後に ⇔ before

7 before ビふォー [bifɔ́ːr] — 前 〜の前に ⇔ after

8 over オウヴァ [óuvər] — 前 副 (〜の)上に ⇔ under；(〜を)越えて

Can you [   ] fast?

あなたは速く走れますか。

The birds are [   ] beautifully.

鳥たちが美しい声で鳴いている。　　　※-ing をつけて現在進行形にする

Do you know this [   ], Jack?

ジャック、この歌を知っていますか。

What are you doing this [   ]?

今週末には何をしますか。

Do you have [   ] pets?

何かペットを飼っていますか。

Let's study science together [   ] lunch.

昼食の後で一緒に理科を勉強しましょう。

Let's walk more [   ] lunch.

昼食の前にもっと歩きましょう。

Some birds are flying [   ] us.

わたしたちの上を鳥が飛んでいる。

11 会話表現

1-34

「〜曜日には何をするの？」

決まった曜日に何をするのかを
たずねたり、答えたりしよう

☐ What do you do on Mondays?
I usually play in the park.

「あなたは毎週月曜日には何をするの？」
「たいてい公園で遊んでいるよ。」

⬇

ポイント

① What do you [we, they] do on 〜?
  ➡ あなた［わたしたち、彼ら］は〜曜日に何をしますか。

② What does he [she, Tom] do on 〜?
  ➡ 彼［彼女、トム］は〜曜日に何をしますか。

③ on Wednesday ➡ （ある）水曜日に

④ on Wednesdays ➡ （毎週）水曜日に

What do you do on Saturdays, Ann?
I play badminton, Steve.

「アン、毎週土曜日には何をするの？」
「バドミントンをするわ、スティーブ。」

What does your sister do on Sundays?
She listens to music.

「あなたのお姉さん［妹さん］は毎週日曜日には何をするの？」
「音楽を聴くんだ。」

What do you do after school?
I walk my dog in the park.

「君は放課後何をするの？」
「公園でイヌを散歩させるの。」

What does your mother do on Wednesdays?
She goes shopping.

「あなたのお母さんは毎週水曜日には何をしますか。」
「買い物に行きます。」

Unit 11

Unit 12 町

いろいろな建物・ほか

1-35
2-36

> Where is the station?
> It's on the second corner.

「駅はどこですか。」
「２つ目の角にあります。」

❶	**building** **ビ**るディング [bíldiŋ]	名 建物、ビルディング
❷	**police station** ポ**リ**ース ステイション [pəlíːs stèiʃən]	名 <ruby>警察署<rt>けいさつしょ</rt></ruby>
❸	**post office** **ポ**ウスト オ(ー)ふィス [póust ɔ(ː)fis]	名 <ruby>郵便局<rt>ゆうびんきょく</rt></ruby>
❹	**theater** **す**ィアタァ [θíətər]	名 映画館、劇場
❺	**bank** バンク [bæŋk]	名 銀行
❻	**poster** **ポ**ウスタァ [póustər]	名 ポスター
❼	**chocolate** **チョ**コれット [tʃɔ́k(ə)lit]	名 チョコレート
❽	**juice** **ヂュ**ース [dʒuːs]	名 ジュース

Unit 12

🔘 1-36

1 buy
バイ
[bai]

動 を買う

2 look
るック
[luk]

動 見る；〜のように見える

3 movie
ムーヴィ
[múːvi]

名 映画

4 station
ステイション
[stéiʃən]

名 駅

5 store
ストー
[stɔːr]

名 店

6 many
メニィ
[méni]

形 たくさんの、多数の
= a lot of, lots of

7 there
ゼア
[ðɛər]

副 そこに；
(There is [are] 〜 で) 〜がある
★ there's = there is

8 but
バット
[bʌt]

接 しかし

I want to [　　　] chocolate.

わたしはチョコレートが買いたい。

[　　　]! That building is tall.

見て！　あのビルは高いです。　　　＊大文字で始める

We often go to the [　　　].

わたしたちはよく映画を見に行く。　　※-s をつけて複数形にする

There is a train [　　　] near here.

この近くに電車の駅がある。

You can buy movie tickets at this [　　　].

このお店で映画のチケットが買えます。

The theater is showing [　　　] movies.

その劇場ではたくさんの映画を上映している。

[　　　] are many offices in the building.

そのビルにはたくさんのオフィスがある。　　＊大文字で始める

I have homework today, [　　　] it's easy.

ぼくは今日宿題があるけど、簡単なんだ。

Unit 12

77

12 会話表現

「～はどこ？」

どこにあるかをたずねたり、答えたりしよう

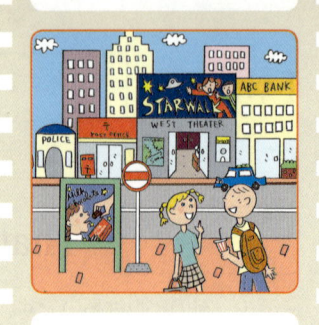

- 👦 Where is the station?
- 👧 It's on the second corner.

「駅はどこですか。」
「２つ目の角にあります。」

ポイント

① Where is [are] ～?
➡ ～はどこにあります［います］か。

② It's [It is] ～. They're [They are] ～.
➡ それ［それら］は～にあります［います］。

③ Turn right [left] at ～.
➡ ～で右［左］に曲がってください。

Excuse me. Where is the telephone?
It's over there.

「すみません。電話はどこにありますか。」
「あちらにありますよ。」

Where are your friends?
They are in the park.

「君の友だちはどこにいるの？」
「公園にいるわ。」

Where is the museum?
Turn right at the next corner. It's on your left.

「博物館はどこですか。」
「次の角を右に曲がってください。左側にあります。」

Is the restaurant near here?
Yes, it is.

「そのレストランはここから近いの？」
「ああ、近くだよ。」

Unit 12

Unit 13 スーパーマーケット

野菜と果物

1-38
2-37

Do you want oranges or apples?
Oranges, please.

「オレンジがほしい、それともリンゴがほしい？」
「オレンジがいいな。」

Unit 13

1. tomato
トメイトウ
[təméitou]
名 トマト

2. pumpkin
パンプキン
[pʌ́mpkin]
名 カボチャ

3. pineapple
パイナプる
[páinæpl]
名 パイナップル

4. lemon
れモン
[lémən]
名 レモン(の木);レモン色

5. orange
オ(ー)レンヂ
[ɔ́(:)rindʒ]
名 オレンジ(の木);オレンジ色

6. flower
ふらウア
[fláuər]
名 花

7. strawberry
ストゥローベリィ
[strɔ́:bèri]
名 イチゴ

8. grape
グレイプ
[greip]
名 ブドウ(の実、木)

🔘 1-39

#	英単語	発音	品詞	意味

1 banana
バナナ
[bənǽnə]
名 バナナ

2 carrot
キャロット
[kǽrət]
名 ニンジン

3 egg
エッグ
[eg]
名 タマゴ

4 melon
メロン
[mélən]
名 メロン

5 supermarket
スーパマーケット
[súːpərmàːrkit]
名 スーパーマーケット

6 favorite
ふェイヴ(ァ)リット
[féiv(ə)rit]
形 お気に入りの、大好きな

7 next
ネクスト
[nekst]
副 次に、となりに
形 次の、今度の

8 some
サム
[sʌm]
形 いくらかの、いくつかの

Kenta loves ☐ for breakfast.

ケンタは朝食にバナナを食べるのが好きだ。　　※-s をつけて複数形にする

Mom sometimes makes ☐ cake for Kenta.

お母さんはときどきケンタにニンジンケーキを作る。

There are no ☐ in this section.

この場所にはタマゴは置いてありません。　　※-s をつけて複数形にする

This ☐ is 1,000 yen.

このメロンは 1,000 円だ。

Kenta often comes to this ☐.

ケンタはよくこのスーパーマーケットに来る。

Strawberries are my ☐ fruit.

イチゴは私の大好きなフルーツだ。

The flowers are ☐ to the fruit.

その花はフルーツのとなりにある。

I have ☐ coins in my pocket.

私はポケットの中に硬貨をいくつか持っている。

13 会話表現

1-40

「～はいかが？」
食べ物をすすめたり、それに応答したりしよう

☑
- Do you want oranges or apples?
- Oranges, please.

「オレンジがほしい、それともリンゴがほしい？」
「オレンジがいいな。」

ポイント

① Do you want ～? ➡ ～がほしいですか。

② Do you want A or B?
➡ Aがほしいですか、それともBがほしいですか。

③ What do you want? ➡ 何がほしいですか。

④ Can I have ～? ➡ ～をもらえますか。

Do you want some water?
Yes, please.

「水を飲みますか。」
「はい、お願いします。」

Do you want coffee or tea?
Tea, please.

「コーヒーがいいですか、それとも紅茶ですか。」
「紅茶をお願いします。」

What do you want for lunch?
I want a hamburger.

「お昼は何がいいかしら？」
「ハンバーガーがいいな。」

Can I have some eggs?
Of course.

「卵をもらえるかい？」
「もちろんよ。」

Unit 14 授業参観日
女性・男性・ほか

● 1-41
☺ 2-38

Who is that man?
He's Mr. Brown.

「あの男の人はだれなの？」
「ブラウンさんだよ。」

❶ woman
ウマン
[wúmən]

名 女性、女の人

(複) women [wímin]

❷ man
マン
[mæn]

名 男性、男の人

(複) men [men]

❸ parent
ペ(ア)レント
[pé(ə)rənt]

名 親(父または母)、

(複数形で用いて) 両親

❹ teacher
ティーチャ
[tíːtʃər]

名 先生、教師

❺ aunt
アント
[ænt]

名 おば

❻ uncle
アンクる
[ʌ́ŋkl]

名 おじ

❼ music
ミューズィック
[mjúːzik]

名 音楽

❽ student
ステューデント
[st(j)úːdənt]

名 生徒、学生

Unit 14

1-42

1 know
ノウ
[nou]
動 を知っている、を知る

2 Australia
オ(ー)ストゥレイリャ
[ɔ(:)stréiljə]
名 オーストラリア

3 lesson
れスン
[lésn]
名 授業 = class、学課、レッスン

4 math
マす
[mæθ]
名 数学

5 name
ネイム
[neim]
名 名前

6 he
ヒー
[hi:]
代 彼は[が]

7 good
グッド
[gud]
形 よい ⇔ bad；
親切な = kind；
じょうずな

8 of
アヴ
[ʌv]
前 〜の；〜の中の
★ one of 〜の1つ[1人]

Do you _____ that woman?

あの女性を知っていますか。

Our English teacher is from _____.

わたしたちの英語の先生はオーストラリア出身だ。

We have many _____ on Wednesday.

水曜日にはたくさんの授業がある。　　※-s をつけて複数形にする

Does Mr. Johnson teach _____?

ジョンソン先生は数学を教えているのですか。

Do you know my father's _____?

ぼくのお父さんの名前を知ってる?

That is Mr. Brown. _____ is Jack's father.

あちらがブラウンさんです。彼はジャックのお父さんです。　＊大文字で始める

He speaks _____ English.

彼はじょうずな英語を話す。

She is one _____ my mother's friends.

彼女はわたしのお母さんの友だちの1人だ。

14 会話表現

「あれは、だれ？」
だれかをたずねたり、答えたりしよう

☐
- Who is that man?
- He's Mr. Brown.

「あの男の人はだれなの？」
「ブラウンさんだよ。」

ポイント

① Who is [are] 〜? ➡ 〜はだれですか。

② He [She] is 〜. [They are 〜.]
➡ 彼［彼女、彼ら］は〜です。

*p91 の一番下の例のように 〜 is [are]. と答えることもある。

Who is that tall boy?
He is the new student in our class.

「あの背の高い少年はだれなの？」
「うちのクラスの新入生だよ。」

Who is that woman under the tree?
She's Ms. Johnson.

「木の下にいる女の人はだれですか。」
「ジョンソンさんです。」

Who's the girl in the red dress over there?
Oh, that's my sister.

「あそこの赤い服を着た女の子はだれだい？」
「わたしの妹〔姉〕よ。」

Who is your best friend?
Nancy is.

「君の親友はだれなの？」
「ナンシーよ。」

Unit 15 動物園
動物・ほか

2-1
2-39

> Do you like my new shirt?
> Yes, it's nice.

「ぼくの新しいシャツ、どうだい?」
「ええ、すてきよ。」

❶ monkey
マンキィ
[mʌ́ŋki]
名 サル

❷ tiger
タイガァ
[táigər]
名 トラ

❸ penguin
ペングウィン
[péŋgwin]
名 ペンギン

❹ horse
ホース
[hɔːrs]
名 ウマ

❺ elephant
エれふァント
[éləfənt]
名 ゾウ

❻ shirt
シャ～ト
[ʃəːrt]
名 シャツ、ワイシャツ

❼ rabbit
ラビット
[rǽbit]
名 ウサギ

❽ rose
ロウズ
[rouz]
名 バラ；バラ色

Unit 15

2-2

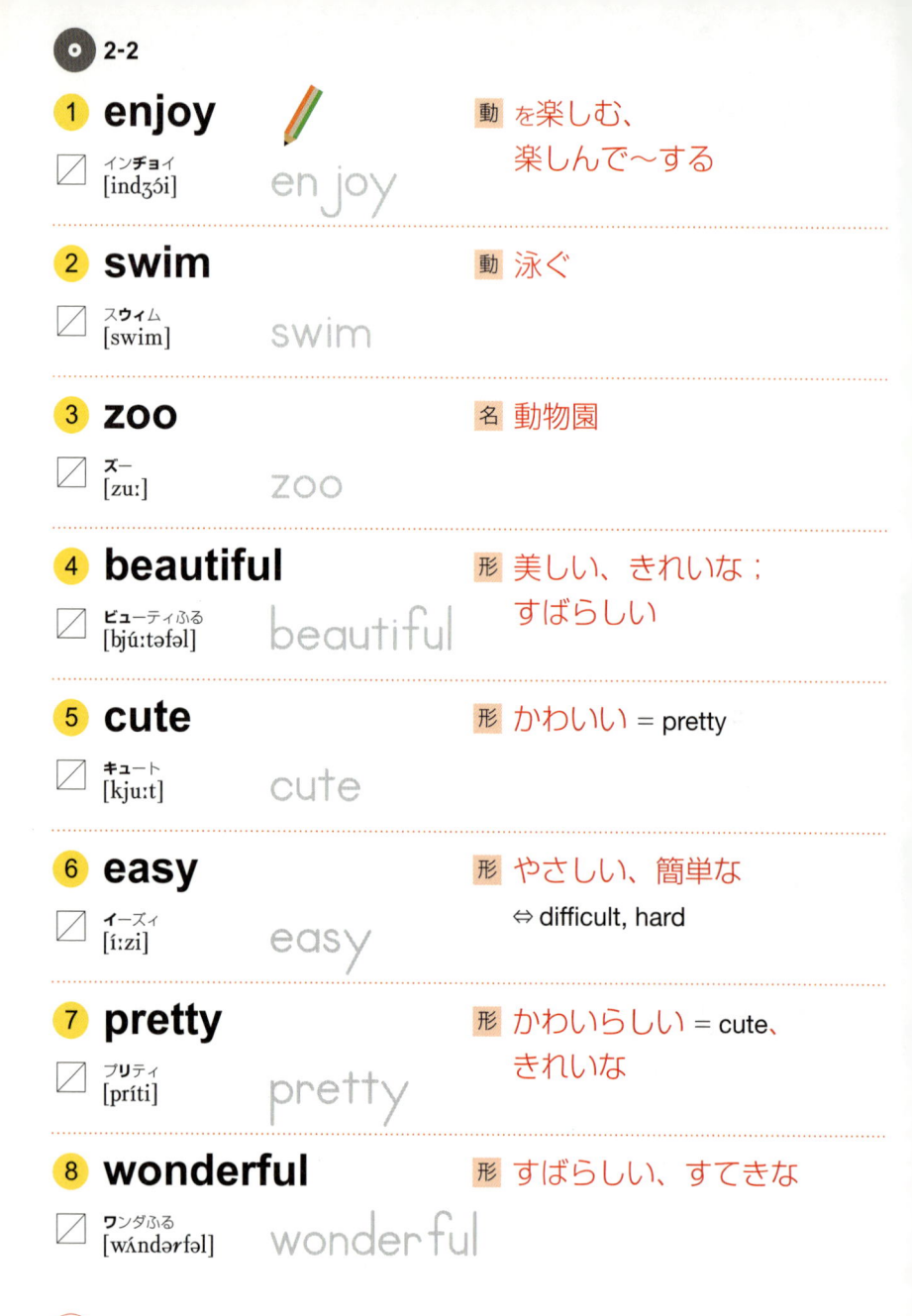

1 enjoy
インヂョイ
[indʒɔ́i]

動 を楽しむ、楽しんで～する

2 swim
スウィム
[swim]

動 泳ぐ

3 zoo
ズー
[zu:]

名 動物園

4 beautiful
ビューティふる
[bjúːtəfəl]

形 美しい、きれいな；すばらしい

5 cute
キュート
[kju:t]

形 かわいい = pretty

6 easy
イーズィ
[íːzi]

形 やさしい、簡単な
⇔ difficult, hard

7 pretty
プリティ
[príti]

形 かわいらしい = cute、きれいな

8 wonderful
ワンダふる
[wʌ́ndərfəl]

形 すばらしい、すてきな

We [   ] looking at animals.

わたしたちは動物をながめて楽しみます。

Elephants can [   ].

ゾウは泳げる。

There are many animals in the [   ].

その動物園にはたくさんの動物がいる。

It's a [   ] day.

すばらしい天気だ。

The penguins are [   ].

あのペンギンたちはかわいい。

Riding a horse is [   ].

馬に乗るのはやさしい。

Roses are [   ].

バラの花はかわいらしい。

Kenta is wearing a [   ] shirt.

ケンタはすてきなシャツを着ている。

Unit 15

15 会話表現

「すてきね」
ほめたり、お礼を言ったりしよう

- Do you like my new shirt?
- Yes, it's nice.

「ぼくの新しいシャツ、どうだい？」
「ええ、すてきよ。」

ポイント

① That's [It's] nice [beautiful, wonderful].
→ それはすてき［きれい、すばらしい］ですね。

② That's [It's] a nice [new, beautiful, wonderful] ～.
→ それはすてきな［新しい、きれいな、すばらしい］～ですね。

③ Thank you. [Thanks. / Thanks a lot.]
→ ありがとう。

Wow! That's a nice bike, Alice!
It's my brother's. It's new.

「わあ！ いい自転車だね、アリス。」
「お兄さん[弟]のなの。新しいのよ。」

Look at the sky.
Wow! The stars are beautiful.

「空を見てごらん。」
「わあ！ 星がきれいだわ。」

This card is from my grandpa.
It's wonderful.

「このカードはぼくのおじいさんからもらったんだ。」
「すてきね。」

I like your dress.
Thank you.

「君のドレス、いいね。」
「ありがとう。」

Unit 15

Unit 16 パーティー

楽器・ほか

2-4
2-40

"I like ice cream. How about you?
Me, too."

「わたしはアイスクリームが好きなの。あなたは？」
「ぼくもだよ。」

#	英語	発音	品詞	意味
1	**birthday**	バ～すデイ [bə́:rθdèi]	名	誕生日
2	**trumpet**	トゥランペット [trʌ́mpit]	名	トランペット
3	**violin**	ヴァイオりン [vàiəlín]	名	バイオリン
4	**piano**	ピアノウ [piǽnou]	名	ピアノ
5	**guitar**	ギター [gitá:r]	名	ギター
6	**present**	プレズント [préznt]	名	プレゼント
7	**water**	ウォータァ [wɔ́:tər]	名	水
8	**milk**	ミるク [milk]	名	牛乳

Unit 16

2-5

1 call
コール [kɔːl]
動 (を)(大声で)呼ぶ；(に)電話をかける

2 dance
ダンス [dæns]
動 おどる
名 ダンス

3 talk
トーク [tɔːk]
動 話をする

4 ice cream
アイス クリーム [áis krìːm]
名 アイスクリーム

5 party
パーティ [páːrti]
名 パーティー

6 right
ライト [rait]
形 右の、右側の
名 右、右側 ⇔ left

7 happy
ハピィ [hæpi]
形 幸福な、うれしい
★ Happy birthday.
お誕生日おめでとう。

8 much
マッチ [mʌtʃ]
副 大いに、たいへん

Thank you for _____.
電話をしてくれてありがとう。　　　　※-ing をつけて名詞の形にする

Some people are _____ to the music.
何人かの人は音楽に合わせておどっている。　※e をとって -ing をつけて現在進行形にする

Many people are _____ to each other.
たくさんの人がおたがいに話をしている。　　※-ing をつけて現在進行形にする

Which _____ do you want?
どっちのアイスクリームがほしいですか。

This is Janet's birthday _____.
これはジャネットの誕生日パーティーです。

They are standing on the _____ side of the table.
彼らはテーブルの右側に立っている。

_____ birthday, Janet.
お誕生日おめでとう、ジャネット。　　　　＊大文字で始める

I like ice cream very _____.
わたしはアイスクリームがとても好きです。

Unit 16

16 会話表現

「あなたは、どう？」
自分のことを話して、相手のこともたずねてみよう

- 👧 I like ice cream. How about you?
- 👦 Me, too.

> 「わたしはアイスクリームが好きなの。あなたは？」
> 「ぼくもだよ。」

ポイント

① I like *sumo*. ➡ わたしは相撲（すもう）が好きです。

② How about 〜? ➡ 〜はどうですか。

③ Me, too. ➡ わたしもです。

☐ I like bananas.
Good. How about apples?

「わたしはバナナが好きです。」
「それはいいね。リンゴはどうだい？」

☐ Mom works at school.
How about your Dad, Ken?

「お母さんは学校の仕事をしています。」
「お父さんはどうなの、ケン？」

☐ I like hamburgers. How about you?
I don't like them.

「わたしはハンバーガーが好きなの。あなたは？」
「ぼくはきらいなんだ。」

☐ Many students can speak English in Singapore.
How about in Japan?

「シンガポールでは多くの学生が英語を話せます。」
「日本ではどうですか。」

Unit 16

Unit 17 オフィス

職場にあるもの

2-7
2-41

> Hello, Ms. Harold.
> Hi, Gary. Please come in and sit down.

「こんにちは、ハロルドさん。」
「こんにちは、ゲーリー。どうぞ中に入って座ってください。」

1 office オーふィス [ɔ́:fis] 名 事務所、会社

2 coffee コーふィ [kɔ́:fi] 名 コーヒー

3 telephone テれふォウン [téləfòun] 名 電話
（略）phone
★ telephone number　電話番号

4 letter れタァ [létər] 名 手紙

5 newspaper ニューズペイパァ [n(j)ú:zpèipər] 名 新聞 = paper

6 tree トゥリー [tri:] 名 木

7 sofa ソウふァ [sóufə] 名 ソファー

8 map マップ [mæp] 名 地図

Unit 17

2-8

1 come
カム [kʌm]
動 来る

2 meet
ミート [miːt]
動 に会う；と知り合いになる

3 nice
ナイス [nais]
形 よい = good、きれいな；うれしい

4 fine
ふァイン [fain]
形 元気な；晴れた；すばらしい

5 then
ぜン [ðen]
副 それでは；そのとき；それから

6 and
アンド [ænd]
接 〜と…、そして

7 hello
へろウ [həlóu]
間 こんにちは；(電話で) もしもし

8 hi
ハイ [hai]
間 やあ、こんにちは
★ hello よりもくだけたあいさつ

Please [   ] and take a seat.

こちらに来てお座りください。

Nice to [   ] you.

お目にかかれてうれしいです［はじめまして］。　※初対面のあいさつの場合

[   ] to meet you, too.

私もお目にかかれてうれしいです。　＊大文字で始める

I'm [   ], thank you, Ms. Harold.

元気です、ありがとう、ハロルドさん。

We can talk later, [   ].

それでは後ほどお話しいたしましょう。

I read the newspaper [   ] my e-mails every morning.

わたしは毎朝新聞とｅメールを読む。

[   ]. Is this Ms. Harold's office?

もしもし。こちらはハロルドさんのオフィスですか。　＊大文字で始める

Oh, [   ], Gary.

まあ、こんにちは、ゲーリー。

Unit 17

17 会話表現

「こんにちは」
出会ったときや、別れるときのあいさつをしよう

- Hello, Ms. Harold.
- Hi, Gary. Please come in and sit down.

「こんにちは、ハロルドさん。」
「こんにちは、ゲーリー。どうぞ中に入って座ってください。」

ポイント

① Hi. [Hello. / Good morning (afternoon, evening).]
➡ こんにちは。[おはようございます（こんにちは、こんばんは）]

② Nice to see [meet] you. [How do you do?]
➡ （はじめて会ったとき）お目にかかれてうれしいです。[はじめまして]

③ Good-bye. ➡ さようなら。

④ See you again [later]. ➡ またお会いしましょう。

Hello. My name is Nancy Adams.
How do you do? My name is Mike Jackson.

「こんにちは。わたしはナンシー・アダムスです。」
「はじめまして。ぼくはマイク・ジャクソンです。」

Nice to meet you.
Nice to meet you, too.

「お目にかかれてうれしいです。」
「わたしもです。」

Hi, Mary. How are you today?
Fine, thank you. And you?

「こんにちは、メアリー。ごきげんいかが?」
「元気よ、ありがとう。あなたは?」

Good-bye, Ms. White.
See you, Dan.

「さようなら、ホワイトさん。」
「また会いましょう［さようなら］、ダン。」

Unit 18 アルバム
お茶とケーキ・ほか

2-10
2-42

> How many brothers do you have?
> I have two.

「あなたは兄弟が何人いるの？」
「2人だよ。」

❶ cake
ケイク
[keik]

名 ケーキ

❷ tea
ティー
[tiː]

名 紅茶、お茶

❸ album
アるバム
[ǽlbəm]

名 アルバム

❹ boat
ボウト
[bout]

名 船

❺ grandfather
グラン(ド)ふァーざァ
[grǽn(d)fɑːðər]

名 祖父、おじいさん

★ grandpa　おじいちゃん

❻ grandmother
グラン(ド)マざァ
[grǽn(d)mʌðər]

名 祖母、おばあさん

★ grandma　おばあちゃん

❼ hat
ハット
[hæt]

名 (ふちのある)帽子

❽ cap
キャップ
[kæp]

名 (ふちがないか、ひさし付きの)帽子

Unit 18

2-11

1 ask
アスク
[æsk]
ask

動 をたずねる、質問する；を頼む

2 drink
ドゥリンク
[driŋk]
drink

動 を飲む
名 飲み物

3 baseball
ベイスボーる
[béisbɔ̀:l]
baseball

名 野球

4 dad
ダッド
[dæd]
dad

名 お父さん、パパ
= father ⇔ mom

5 family
ふァミりィ
[fǽm(ə)li]
family

名 家族

6 who
フー
[hu:]
who

代 だれ、だれが
★ who's = who is

7 old
オウるド
[ould]
old

形 年とった ⇔ young；
〜歳（さい）の；古い ⇔ new

8 sweet
スウィート
[swi:t]
sweet

形 あまい

May I [   ] you a question, Kenta?

ケンタ、質問してもいいですか。

Kate is [   ] tea.

ケイトは紅茶を飲んでいる。　　　※-ing をつけて現在進行形にする

He isn't a good [   ] player.

彼は野球がじょうずではありません。

[   ] sometimes takes a walk in the park.

お父さんはときどき公園を散歩する。　　　＊大文字で始める

My [   ] sometimes goes to the beach.

うちの家族はときどきビーチに行く。

[   ] is this young man?

この若い男の人はだれですか。　　　＊大文字で始める

The boy in this picture is three years [   ].

この写真の少年は3歳です。

This cake is not very [   ].

このケーキはそんなにあまくない。

Unit 18

18 会話表現

「どのくらい〜？」

ものの数や料金、年齢や長さをたずねたり、答えたりしよう

☐ 　How many brothers do you have?
　　I have two.

> 「あなたは兄弟が何人いるの？」
> 「2人だよ。」

ポイント

① How many 〜 do you [we] ＋ 動詞の原形？
　➡ あなた[わたしたち]はどのくらいの数の〜を…しますか。

② How much [long, old] is [are] 〜？
　➡ 〜はどのくらいの量[長さ、年齢]ですか。

How many chairs do we need?
We need eight chairs.

「いすはいくつ必要ですか。」
「8つ必要です。」

How much are these grapes?
400 yen.

「このブドウはいくらですか。」
「400円です。」

How long is this river?
I'm sorry. I don't know.

「この川はどのくらいの長さですか。」
「ごめんなさい。わからないわ。」

How old is your sister?
She's nine years old.

「君の妹さん［お姉さん］は何歳ですか。」
「9歳です。」

Unit 19 スケジュール
曜日の名前・ほか

2-13
2-43

Mary, are you going shopping on Sunday?
Yes, I am. Let's go together.

12 December

Sunday	Monday	Tuesday	Wednesday	Thursday	Friday	Saturday
1	2	3	4	5 exam	6	7
				1	2	3 ♡ 4 Janet's Birthday
5	6	7	8	9	10 Tennis with Kenta	11
12		8	15	16	17 Movie	18
19 Shopping with Mary				23	24 🎄	25
26	27	28			31	

「メアリー、日曜日に買い物に行く予定なの？」
「ええ。一緒に行きましょうよ。」

Unit 19

① Sunday 名 日曜日
サンデイ
[sʌ́ndei]
（略）Sun.

② Monday 名 月曜日
マンデイ
[mʌ́ndei]
（略）Mon.

③ Tuesday 名 火曜日
テューズデイ
[t(j)úːzdei]
（略）Tues.

④ Wednesday 名 水曜日
ウェンズデイ
[wénzdei]
（略）Wed.

⑤ Thursday 名 木曜日
さ〜ズデイ
[θə́ːrzdei]
（略）Thurs.

⑥ Friday 名 金曜日
ふライデイ
[fráidei]
（略）Fri.

⑦ Saturday 名 土曜日
サタデイ
[sǽtərdei]
（略）Sat.

⑧ pen 名 ペン
ペン
[pen]

2-14

1 begin
ビギン
[bigín]

begin

動 を始める = start ; 始まる

---

2 go
ゴウ
[gou]

go

動 行く

★ go out　外出する

---

3 help
ヘるプ
[help]

help

動 を助ける、手伝う
名 助け

---

4 week
ウィーク
[wi:k]

week

名 週、1週間

---

5 late
れイト
[leit]

late

形 (時間・時期が) 遅い、遅れた
副 遅く ⇔ early

---

6 test
テスト
[test]

test

名 テスト、試験

---

7 again
アゲン
[əgén]

again

副 また、ふたたび

---

8 with
ウィず
[wið]

with

前 〜と一緒に

Unit 19

The test [　　　] at 9 o'clock.

テストは9時に始まる。　　　※3人称単数現在の -s をつける

We [　　　] out together on Christmas day.

わたしたちはクリスマスの日に皆で出かける。

Can you [　　　] me with my homework?

宿題を手伝ってくれませんか。

A school [　　　] is usually five days.

学校の1週間はふつう5日間だ。

Let's have a [　　　] dinner after the movie.

映画の後で遅い夕食を食べよう。

There is a [　　　] on Wednesday.

水曜日は試験だ。

Please come [　　　].

また来てください。

Do you want to go to the movie [　　　] me?

わたしと一緒に映画に行きますか。

19 会話表現

「～しよう」
友達を誘ったり、それに応答したりしよう

- Mary, are you going shopping on Sunday?
- Yes, I am. Let's go together.

「メアリー、日曜日に買い物に行く予定なの？」
「ええ。一緒に行きましょうよ。」

ポイント

① Let's ～. [Can we ～?] ➡ ～しましょう。

② Yes, let's. [All right. / OK. / Sure.]
   ➡ そうしましょう。

③ No, let's not. ➡ やめましょう。

④ I'm sorry. I can't. ➡ 残念ですが、私はできません。

☐ 🧑 Let's go fishing on Saturday.
　👧 I'm sorry. I can't.

「土曜日に釣りに行こう。」
「ごめんなさい。行けないわ。」

☐ 👧 Dad, let's play tennis.
　🧑 Sure.

「お父さん、テニスをしましょう。」
「いいよ。」

☐ 👧 Can we go to the park, Dad? It's a beautiful day.
　🧑 Yes, let's.

「お父さん、公園に行かない？　いい天気よ。」
「そうだね、行こう。」

☐ 👩 It's ten, Ron.
　🧑 Really? We're late. Let's run.

「10時よ、ロン。」
「本当？　遅くなったな。走ろう。」

Unit 20 カレンダー
月の名前・ほか

2-16
2-44

When is your birthday?
November 11th.

「あなたの誕生日はいつなの？」
「11月11日だよ。」

Unit 20

1. month — マンす [mʌnθ]
名 月、1か月

2. August — オーガスト [ɔ́:gəst]
名 8月
（略）Aug.

3. September — セプテンバァ [septémbər]
名 9月
（略）Sep., Sept.

4. October — アクトウバァ [ɑktóubər]
名 10月
（略）Oct.

5. November — ノウヴェンバァ [nouvémbər]
名 11月
（略）Nov.

6. December — ディセンバァ [disémbər]
名 12月
（略）Dec.

7. eleventh — イれヴンす [ilévənθ]
名 11日、第11
形 第11の
（略）11th

8. twelfth — トゥウェるふす [twelfθ]
名 12日、第12
形 第12の
（略）12th

＊1月〜7月は p128 に掲載しています。

● 2-17

1 close
クロウズ [klouz]
動 を閉じる、閉める
⇔ open；を終える

2 open
オウプン [óupən]
動 を開ける、を開く
⇔ close, shut
形 開いた

3 calendar
キャれンダァ [kǽləndər]
名 カレンダー

4 first
ふァ〜スト [fə:rst]
形 第1の、最初の

5 school
スクーる [sku:l]
名 学校、授業

6 summer
サマァ [sʌ́mər]
名 夏
★ spring 春
（米）fall （英）autumn 秋

7 winter
ウィンタァ [wíntər]
名 冬

8 year
イア [jiər]
名 年；学年；歳

☐ the door, John.

ドアを閉めて、ジョン。　　　　　　　　　＊大文字で始める

Can I ☐ the window?

窓を開けてもいいですか。

We have a big ☐ in our classroom.

わたしたちの教室には大きなカレンダーがある。

January is the ☐ month of the year.

1月は1年の初めの月です。

☐ starts in April in Japan.

日本では学校は4月に始まります。　　　　＊大文字で始める

When do you have your ☐ vacation?

あなたの夏休みはいつですか。

Do you like ☐ sports?

あなたは冬のスポーツが好きですか。

The ☐ is 2009.

今年は2009年です。

20 会話表現

「～はいつ？」

日にちや月をたずねたり、答えたりしよう

☐ When is your birthday?
  November 11th.

「あなたの誕生日はいつなの？」
「11月11日だよ。」

ポイント

① What's the date today? ― (It's) April 15th.
  ➡ 今日は何日ですか。― 4月15日です。

② What day (of the week) is it today?
  ― (It's) Thursday.
  ➡ 今日は何曜日ですか。― 木曜日です。

③ When [What time] do (does) ＋ 主語 ＋ 動詞の原形?
  ― In September.
  ➡ …はいつ～しますか。― 9月に。

☐ What's the date today?
It's October 22nd.

「今日は何日ですか。」
「10月22日だよ。」

☐ What day of the week is it today?
It's Tuesday.

「今日は何曜日ですか。」
「火曜日よ。」

☐ When does your school begin?
In April.

「学校はいつ始まりますか。」
「4月です。」

☐ What time does the concert start?
It starts at 6:15.

「コンサートは何時に始まりますか。」
「6時15分だよ。」

月の名前一覧

英語	発音	月
January	**チャ**ニュエリィ [dʒǽnjuèri]	1月
February	**フェ**ブルエリィ [fébruèri]	2月
March	**マ**ーチ [mɑːrtʃ]	3月
April	**エ**イプりる [éiprəl]	4月
May	**メ**イ [mei]	5月
June	**ヂュ**ーン [dʒuːn]	6月
July	ヂュ(ー)**ら**イ [dʒu(ː)lái]	7月
August	**オ**ーガスト [ɔ́ːgəst]	8月
September	セプ**テ**ンバァ [septémbər]	9月
October	アク**ト**ウバァ [ɑktóubər]	10月
November	ノウ**ヴェ**ンバァ [nouvémbər]	11月
December	ディ**セ**ンバァ [disémbər]	12月

＊曜日の名前はp117に掲載しています。

大きい数一覧

eleven	イレヴン [ilévən]	11	**twenty**	トゥウェンティ [twénti]	20
twelve	トゥウェるヴ [twelv]	12	**thirty**	さ〜ティ [θə́ːrti]	30
thirteen	さ〜ティーン [θəːrtíːn]	13	**forty**	ふォーティ [fɔ́ːrti]	40
fourteen	ふォーティーン [fɔːrtíːn]	14	**fifty**	ふィふティ [fífti]	50
fifteen	ふィふティーン [fiftíːn]	15	**sixty**	スィクスティ [síksti]	60
sixteen	スィクスティーン [sikstíːn]	16	**seventy**	セヴンティ [sévənti]	70
seventeen	セヴンティーン [sèvəntíːn]	17	**eighty**	エイティ [éiti]	80
eighteen	エイティーン [eitíːn]	18	**ninety**	ナインティ [náinti]	90
nineteen	ナインティーン [naintíːn]	19	**a [one] hundred**	ア ワン ハンドゥレッド [ə/wʌ́n hʌ́ndrəd]	100

＊1〜10の数は口絵6・7ページに掲載しています。

代名詞の変化表

「わたし」「彼女」「それ」など、人や物を表す名詞の代わりをする語を『代名詞』といいます。

	～は ～が	～の	～を ～に	～のもの
わたし	I	my	me	mine
あなた	you	your	you	yours
彼	he	his	him	his
彼女	she	her	her	hers
それ	it	its	it	—
わたしたち	we	our	us	ours
あなたたち	you	your	you	yours
彼ら それら	they	their	them	theirs

さくいん

各ユニットのイラストページ、センテンスページの見出し語のみ収録しています。

A

a lot of	64
about	28
after	70
afternoon	34
again	118
album	111
American	28
and	106
animal	46
any	70
apple	46
ask	112
at	22
August	123
aunt	87
Australia	88

B

baby	69
badminton	21
bag	9
ball	21
banana	82
bank	75
baseball	112
beautiful	94
bed	51
before	70
begin	118
bench	69
bicycle	33
big	39
bird	69
birthday	99
black	51
blue	51
boat	111
book	63
box	52
boy	21
breakfast	16
building	75
bus	33
bus stop	33
but	76
buy	76

C

cake	111
calendar	124
call	100
camera	69
can	58
Canada	15
cap	111
car	33
carrot	82
cat	33
CD	52
CD player	63
chair	45
China	15
chocolate	75
class	22

classroom	10
clock	63
close	124
club	10
coffee	105
coin	28
cold	39
color	52
come	106
comic book	63
computer	45
computer game	63
cook	58
cookie	51
curtain	51
cute	94

D

dad	112
dance	100
day	40
December	123
desk	45
dictionary	9
dish	57
do	46
does	52
dog	69
door	45
dress	51
drink	112

E

ear	27
easy	94
eat	58
egg	82
elephant	93
eleventh	123
enjoy	94
evening	40
eye	27

F

face	27
family	112
fast	22
father	57
favorite	82
fine	106
first	124
floor	63
flower	81
foot	27
fork	57
France	15
Friday	117
friend	45
from	16
fruit	58

G

Germany	15
girl	21

glass	57
go	118
good	88
grandfather	111
grandmother	111
grape	81
guitar	99
gym	21

H

hamburger	58
hand	27
handkerchief	9
happy	100
hat	111
have	46
he	88
head	27
hello	106
help	118
here	34
hi	106
home	40
homework	64
horse	93
hot	22
house	39
how	52
hungry	22

I

ice cream	100

J

Japan	15
Japanese	16
juice	75

K

kitchen	57
know	88

L

large	46
late	118
leg	27
lemon	81
lesson	88
letter	105
like	52
live	16
long	39
look	76

M

man	87
many	76
map	105
math	88
meet	106
melon	82
milk	99
mine	46
mom	63
Monday	117

monkey	93
month	123
morning	40
mother	57
movie	76
much	100
music	87

N

name	88
need	10
new	16
newspaper	105
next	82
nice	106
night	40
no	46
nose	27
notebook	9
November	123

O

o'clock	64
October	123
of	88
office	105
often	34
old	112
on	34
open	124
orange	81
over	70

P

parent	87
party	100
pen	117
pencil	9
penguin	93
pet	57
piano	99
picture	45
pineapple	81
pink	52
play	28
pocket	9
police station	75
post office	75
poster	75
present	99
pretty	94
pumpkin	81

R

rabbit	93
racket	21
rainy	39
read	64
restaurant	58
right 形	16
right 形 名	100
room	46
rose	93
run	70

S

sad	22
salad	57
Saturday	117
say	40
school	124
see	40
September	123
shirt	93
shoe	69
short	39
sing	70
Singapore	15
singer	28
sky	69
sleep	16
small	39
soccer	33
sock	45
sofa	105
some	82
song	70
speak	16
sport	34
station	76
store	76
strawberry	81
student	87
study	64
summer	124
Sunday	117
supermarket	82
sweater	9
sweet	112
swim	94

T

table	51
take	34
talk	100
tall	39
taxi	33
tea	111
teacher	87
telephone	105
tennis	21
test	118
textbook	9
that	10
theater	75
then	106
there	76
they	10
this	10
Thursday	117
tiger	93
today	10
tomato	81
tomorrow	40
too	28
train	33
tree	105
trumpet	99
T-shirt	69
Tuesday	117

TV	63
twelfth	123
twenty	64

U

uncle	87
United Kingdom	15
United States of America	15
use	64
usually	64

V

very	34
violin	99

W

wall	51
want	58
wash	58
watch 動	34
watch 名	45
water	99
Wednesday	117
week	118
weekend	70
well	22
which	28
who	112
whose	28
window	21
winter	124
with	118
woman	87
wonderful	94
write	22

Y

year	124
yellow	52
your	10

Z

zoo	94